Christliche

Gedanken

Hans-Jürgen Straßburg

Christliche

Gedanken

Titelbild: Die Frauenkirche in Dresden

Bibliografische Information der Deutschen Nationalbibliothek:
Die Deutsche Nationalbibliothek verzeichnet diese Publikation in
der Deutschen Nationalbibliografie; detaillierte bibliografische
Daten sind im Internet über http://dnb.dnb.de abrufbar.

Lektorat: Ilse Straßburg

Herstellung und Verlag: BoD – Books on Demand,
Norderstedt

13-stellige ISBN: 9 783 756 227 761

Inhalt

Vorwort

Im monatlichen Gemeindebrief der Neuapostolischen Gemeinde in Trappenkamp (Schleswig-Holstein) erschienen in unregelmäßigen Abständen von mir verfasste Gedanken, die in diesem Büchlein zusammengestellt sind. Somit war sichergestellt, dass im Gemeindebrief auch Beiträge aus der eigenen Gemeinde erschienen und nicht nur Berichte aus den umliegenden Gemeinden und Terminübersichten.

So entstanden diese kleinen Abhandlungen, die sich im Kern um den Neuapostolischen Glauben drehen. Aber sie sind auch lesenswert für Christen anderer Glaubensrichtungen.

Die einzelnen Themen wurden kurz behandelt. Selten ist eines länger als zwei Seiten. So lässt sich das Buch immer wieder einmal in die Hand nehmen, um einen Abschnitt zu lesen. Wenn sich anschließend die eigenen Gedanken mit der dargestellten Thematik beschäftigen, ist das durchaus beabsichtigt ...

Neumünster, September 2022

Wertschätzung

Wer von uns hätte sich beim Jahreswechsel 2019/2020 vorstellen können, wie das neue Jahr verlaufen würde. Wir hatten von einem Virus in China gehört, aber das war ja weit weg.

Wir konnten Gottesdienste erleben, Chorproben durchführen und uns auch im größeren Kreis treffen. Dann war am 15. März 2020 alles vorbei. Es konnten keine Gottesdienste mehr stattfinden und auch andere Zusammenkünfte waren untersagt.

Auf einmal stellten wir fest, wie sehr uns das alles fehlte. Nun, die Gottesdienste wurden uns im Internet angeboten. Aber es ist schon ein Unterschied, ob man - gut angezogen - in die Kirche fährt oder, ganz leger gekleidet, in Puschen und vielleicht noch mit einer Tasse Kaffee vor dem Bildschirm sitzt und den Gottesdienst verfolgt. Dabei musste man schön Mühe aufwenden, um sich von seinem bekannten Umfeld nicht ablenken zu lassen.

Es fehlte das gemeinsame Singen, egal wie musikalisch begabt man war. Der Chorgesang wurde vermisst und vor allem die Feier des Heiligen Abendmahls. Das waren nicht unsere Gottesdienste, obwohl wir auf diesem Weg verschiedene höhere Amtsträger in diesen Gottesdiensten kennenlernen konnten.

Es gibt ein geflügeltes Wort: „Nur wenn es nicht mehr da ist, weiß man, was man daran hatte." Und so ist es uns auch ergangen. Wir vermissten viele Dinge, über die wir uns vorher keine Gedanken gemacht hatten.

In dieser Zeit wurden viele schöne Ideen geboren und umgesetzt und Freude bereitet. Wären wir auf diese Gedanken gekommen, wenn alles „normal" weiter gegangen wäre?

Wie schön war es, als der erste Gottesdienst wieder in der Kirche stattfinden konnte. Wir sahen unsere Geschwister und freuten uns, dass sie gesund geblieben waren. Wir genossen die Gemeinschaft mit ihnen. Auch wenn wir nicht selbst singen konnten, genossen wir die musikalischen Beiträge auf dem Bildschirm. Und, wir konnten endlich wieder das Heilige Abendmahl feiern.

Natürlich vermissten wir einige Geschwister. Es waren unsere Senioren, die Sorge hatten, sich anzustecken, und auch die Geschwister, deren Gesundheit wegen früherer Krankheiten nicht so stabil war. Es fehlten auch Geschwister, die Berufe ausübten, bei denen die Ansteckungsgefahr groß war. Sie wollten uns schützen und kamen deshalb nicht in die Kirche.

Wir konnten wieder die Gemeinschaft erleben, die auch bei den ersten Christen sehr wichtig war (Apostelgeschichte 2, Vers 42). Wir erlebten die Gnade in der Sündenvergebung und das Brotbrechen, das im Bibelvers zitiert wird.

Bald werden wir wieder im Gottesdienst singen können und das Unser-Vater-Gebet laut mitsprechen können. Dann denken wir zurück an diese Zeit, in der der liebe Gott uns auch versorgt hat.

Nach den Worten des Stammapostels der Neuapostolischen Kirche hat der liebe Gott diese Pandemie zugelassen. Aber die Vollendung seines Werkes ist dadurch in keiner Weise gefährdet. Deshalb harren wir aus in Treue und sind dankbar, dass wir den Weg gehen dürfen, den Jesus gelegt hat.

Über die Zeit

„Dafür habe ich jetzt keine Zeit!" „Das schaffe ich heute nicht mehr!" „Ich bin in Eile!" „Vielleicht ein andermal!"

Wahrscheinlich haben wir alle solche Aussprüche schon einmal gehört oder sogar selbst gebraucht. Immer wieder geht es um die Zeit, die wir haben oder vielmehr, die uns fehlt.

Nun ist das mit der Zeit so eine Sache. Wie alles andere hat auch der liebe Gott die Zeit geschaffen. In 1. Mose 1, Vers 5 lesen wir, dass er den Tag und die Nacht festgelegt hat. Im Gegensatz zu anderen physikalischen Größen haben wir auf die Zeit keinen Einfluss. Wir können unsere Position verändern, indem wir ein Stück weit gehen. Wir können aber nicht einfach in die Vergangenheit zurückkommen oder in die Zukunft vorpreschen, auch wenn wir uns das manchmal wünschen. In der Vergangenheit könnten wir sonst Fehler verbessern, die wir gemacht haben und in der Zukunft einen unangenehmen Zeitabschnitt, zum Beispiel eine Krankheit, überspringen.

Gott selbst hat festgelegt, dass bei uns auf der Erde Tag und Nacht nicht aufhören werden (siehe

1. Mose 8, Vers 22). Er selbst hat aber durchaus schon in den Zeitablauf eingegriffen, indem er, als ein Zeichen seiner Macht, die Sonnenuhr zehn Striche zurücklaufen ließ. Das geschah als Zeichen für den König Hiskia (siehe 2. Könige 20, Vers 11).

Nun haben wir schon oft gehört, dass es für Gott weder Vergangenheit noch Gegenwart noch Zukunft gibt. Das ist für uns unvorstellbar, weil wir es gewohnt sind, dass die Zeit abläuft: Was eben noch war, ist Vergangenheit, was wir in diesem Augenblick erleben, ist Gegenwart und was demnächst geschehen wird, das ist Zukunft.

Uns ist aber noch etwas unverstellbar: In der Herrlichkeit wird es keine Zeit mehr geben (siehe Offenbarung 10, Vers 6). So etwas passt nicht zu unseren Erfahrungen in der uns bekannten Welt. Damit ist klar, dass Gott dann auch einen neuen Himmel und eine neue Erde schaffen muss.

Ich freue mich auf diesen Zustand. Endlich wird es keine Hektik mehr geben, wir können nicht mehr zu spät kommen und Sätze, wie oben in diesem Artikel, werden wir nie wieder sagen.

Das wird eine tolle „Zeit" sein.

Hast du heute schon gelächelt?

Auf diese Frage gibt es viele verschiedene Antworten: „Mir ist gerade nicht nach einem Lächeln." „Mir geht es nicht gut." „Mein Lächeln wäre in dieser Situation nicht angebracht." Vielleicht aber auch: „Ja!"

Die Wissenschaftler haben herausgefunden, wenn man die Mundwinkel zu einem Lächeln nach oben zieht, wird ein ganz bestimmter Nerv im Gesicht gereizt. Dieser Reiz meldet dem Gehirn: „Alles gut, ich bin guter Dinge." Probiere es doch gleich einmal aus.

Diese positive Haltung beeinflusst unsere nächsten Aktivitäten. So raten die Psychologen dazu, vor einem Telefongespräch und bevor man die Tür für einen Besuch öffnet, einmal zu lächeln. Das kann man auch machen, bevor man betet.

Mit unserem Lächeln können wir aber auch anderen Menschen helfen. Das habe ich selbst erlebt:

Ich hatte für ein Wochenende in Norwegen einige kirchliche Aufträge zu erledigen. Aber nichts gelang. Die zu Besuchenden waren nicht zu Hause, auch am Telefon meldete sich niemand und zum Besuch eines Gottesdienstes ließ sich keiner einladen. Entsprechend missmutig und mit gesenktem Blick ging ich weiter.

Auf einmal sah ich etwa 5 Meter vor mir einen kleinen Jungen, der stehen geblieben war. Er sah mich an und – lächelte. In diesem Moment war meine niedergedrückte Stimmung verflogen. Ich lächelte zurück und wir setzten unsere Wege fort.

Heute verhindert vielfach die Mund-Nasen-Bedeckung, dass man ein lächelndes Gesicht vollständig erkennt. Aber die Augen sind zu sehen, deshalb geht unser Lächeln nur von den Augen aus.

Blicken wir in die Zukunft: Der liebe Gott hat vor, alle unsere Tränen abzuwischen, wenn wir bei ihm sein werden. Es wird keinen Grund mehr geben, traurig zu sein, im Gegenteil: *„Dann wird unser Mund voll Lachens und unsre Zunge voll Rühmens sein"* (Psalm 126, Vers 2).

Das ist doch ungerecht!

Die Kollegen saßen zusammen. Einer von ihnen führte das Wort: „Also, die Geschwindigkeitsbegrenzungen auf den Straßen interessieren mich nicht. Ich fahre so schnell, wie es geht." Einer der Anwesenden ist ganz still. Er hatte vor wenigen Tagen einen Strafzettel wegen zu schnellen Fahrens bekommen, obwohl er sich sonst immer an die Vorschriften hielt. Er fand das ungerecht.

Es war für alle offensichtlich: Der Angeklagte hatte die Tat begangen. Das Gericht sprach ihn aber frei – wegen Mangels an Beweisen. Das war doch ungerecht.

Eine Kollegin war in Gewissenhaftigkeit und Hilfsbereitschaft ein Vorbild. Sie scheute sich auch nicht, Überstunden zu machen. Trotzdem wurde ein anderer Mitarbeiter befördert. Sie fand das ungerecht.

Jesus gab ein Beispiel für vermeintliche Ungerechtigkeit (Matthäus 20, Verse 1-16): Der Besitzer eines Weinbergs suchte Arbeiter. Er stellte einige am Morgen ein, andere etwas später und weitere kurz vor dem Abend. Mit allen hatte er den gleichen Lohn vereinbart. Die Männer, die den ganzen

Tag gearbeitet hatten, murrten. Sie fanden es ungerecht, dass sie den gleichen Lohn erhielten wie die, die nur wenig getan hatten. Der Besitzer erklärte ihnen, dass sie doch mit dieser Bezahlung einverstanden waren.

Wenn Jesus kommt und wir entrückt werden, erhalten wir alle den gleichen Lohn: ein ewiges Leben bei Gott in der Herrlichkeit. Dabei ist es egal, wie lange wir Gotteskinder waren und wie viele Schwierigkeiten wir zu überwinden hatten. Es ist nicht ungerecht, dass uns der große Gott allen den gleichen Lohn schenkt, denn das, was er gibt, lässt sich weder vergrößern noch kleiner machen. Man kann es auch nicht teilen. Für jeden, der dann die Gemeinschaft mit Gott erleben darf, ist es Gnade. Warum sollten wir es nicht allen gönnen, dieses herrliche Ziel zu erreichen. Wir werden doch dadurch nicht weniger erhalten.

Schon jetzt mag die Vorfreude auf dieses große Erleben überwiegen.

Die Macht der Worte

Friedrich blickte in das sorgenvolle Gesicht seines Arztes. „Ihre Schmerzen kommen von einem Tumor. Ob der gutartig oder bösartig ist, wird die Biopsie zeigen. Das Ergebnis wird übermorgen vorliegen." – Wir können uns gut vorstellen, dass Friedrich zwei Tage später mit einem mulmigen Gefühl zum Arzt ging. „Der Tumor ist gutartig, er kann operativ entfernt werden." Diese Worte des Mediziners bewirkten, dass eine Zentnerlast von Friedrichs Seele fiel.

Die Worte des Staatsanwalts waren hart und deutlich. Der Angeklagte hatte eine schwere Straftat begangen. Hörte man aber das Plädoyer seines Verteidigers, so konnte es sich nur um eine Bagatelle handeln. Dann verkündigte der Richter das Urteil: „Zwei Jahre Freiheitsentzug ohne Bewährung." Durch diese Worte würde sich das Leben des Angeklagten massiv ändern.

Sigrid stand mitten im Prüfungsstress. Den schriftlichen Teil hatte sie mehr schlecht als recht hinter sich gebracht. Angst hatte sie vor der mündlichen Prüfung. Dreißig Minuten lang musste sie Fragen beantworten und ihre Aussagen begründen. Sie war heilfroh, als sie den Prüfungsraum verlassen konnte. Am Abend würde sie dann das Prüfungsergebnis erfahren. – Als ihr Name am Abend aufgerufen wurde, war sie ganz aufgeregt. „Bestanden mit einer befriedigenden Endnote." Ihr fiel ein Stein vom Herzen, als sie diese Worte hörte.

In jedem Gottesdienst hören wir: „Dir sind deine Sünden vergeben." Welch ein machtvolles Wort, vom Apostel oder den von ihm beauftragten priesterlichen Ämtern ausgesprochen. Zwar wird dadurch kein Schaden beseitigt, der durch unser sündhaftes Tun entstanden ist. Vor unserem himmlischen Vater stehen wir durch diese Worte aber so da, als hätten wir nie gesündigt.

Der Herr Jesus sprach im Gleichnis von den anvertrauten Zentnern die Worte: *„Du bist über wenigem treu gewesen, ich will dich über viel setzen; geh hinein zu deines Herrn Freude!"* (Matthäus 25, Vers 21). An dem Tag, an dem Jesus wiederkommt, um seine Braut zu sich zu holen, wünschen wir uns die gleichen Worte zu hören. Damit beginnt dann für uns die ewige Gemeinschaft mit Gott. Auch wenn wir es uns heute noch nicht vorstellen können, es wird großartig sein!

Siehe, ich komme bald

Bei uns hatte sich Besuch angemeldet: liebe Freunde, die wir schon einige Zeit nicht mehr gesehen hatten. Sie wohnen einige Hundert Kilometer entfernt. Deshalb wollen sie dann auch einige Tage bleiben.

Ein solcher Besuch erfordert Vorbereitungen. Im Gästezimmer wird das Staubtuch geschwungen und der Boden gesaugt. Die Betten werden frisch bezogen und es werden Handtücher bereitgelegt.

Der Vorrat in der Speisekammer wird ergänzt. Aus Gesprächen und von den letzten Besuchen wissen wir, was unsere Gäste gerne mögen. Wir wollen ihnen den Aufenthalt bei uns möglichst angenehm gestalten.

Wir kennen die genaue Ankunftszeit nicht. Wir wissen nicht, wann sie von ihrem Wohnort aus starten und ob sie bei ihrer Fahrt durch stockenden Verkehr oder Staus ausgebremst werden. Da wir aber alles schon im Vorwege vorbereitet haben, können wir sie ganz in Ruhe und freudig erwarten.

Wir erwarten auch die Wiederkunft Jesu. Er hat versprochen zu kommen und uns zu sich zu neh-

men: „*Und wenn ich hingehe, euch die Stätte zu bereiten, will ich wiederkommen und euch zu mir nehmen,
auf dass auch ihr seid, wo ich bin.* Johannes 14,
Vers 3). Allerdings ist uns der genaue Zeitpunkt
nicht bekannt. Jesus sagte dazu: „*Von dem Tage aber
und von der Stunde weiß niemand, auch die Engel im
Himmel nicht, auch der Sohn nicht, sondern allein der
Vater"* (Matthäus 24, Vers 36). Deshalb heißt es vorbereitet zu sein.

Vor vielen Jahren hielt ein Bischof einen Gottesdienst, zu dem auch Gäste eingeladen waren. Thema war die Vorbereitung auf das Kommen des
Herrn. Am Ende der Stunde kam einer der Gäste
zum Bischof und fragte ihn: „Wie lange dauert die
von Ihnen angesprochene Vorbereitung?" Die Antwort erstaunte ihn: „Eine Stunde." Nach kurzer
Überlegung sagte dann dieser Gast: „Nur eine
Stunde; dann kann ich mir ja noch Zeit lassen."

Während er dem Ausgang zustrebte, wurden seine Schritte immer langsamer. Dann kehrte er um
und ging wieder auf den Bischof zu: „Aber ich
weiß doch nicht, wann meine letzte Stunde sein
wird." Der Bischof schaute ihn freundlich an:
„Eben."

Warum nicht du?

Ich glaube nicht, dass du schon einmal Gegenstände hast sprechen hören. Auch mit mir haben die Sachen im Haus noch nicht gesprochen. Aber mit etwas Fantasie können wir es uns vorstellen. Die Schere auf dem Tisch könnte sprechen: „Bring mich zurück in die Schublade." Auch das Lineal, das noch neben dem Blatt Papier liegt, könnte uns auffordern: „Lege mich doch zurück auf den Schreibtisch." Und das leere Glas, aus dem wir gerade getrunken haben, könnte sagen: „Stelle mich doch zurück in die Küche."

Wir sind alle verschieden. Manche haben ein feines Gespür für nicht weggeräumte Dinge und bringen sie ganz nebenbei an Ort und Stelle zurück. Andere muss man auf das, was zu tun ist, erst aufmerksam machen. Sie stolpern lieber über Sachen, anstatt sie zurückzulegen. Dabei ist das in der Regel keine böse Absicht, sondern vielfach nur ihre eigene Trägheit, oder sie hängen ihren eigenen Gedanken nach.

Neulich lag eine leere Papiertüte auf den Weg zur Kirchentür. Unser Bischof, der gerade dort entlang ging, bückte sich, hob sie auf und warf sie in den nächsten Papierkorb. „Aber das müssen Sie als Bischof nicht machen!", war der Hinweis von Geschwistern, die ihn gerade dabei beobachtet hatten. „Doch, denn die Tüte gehörte doch nicht hierher." Damit war die Sache für ihn erledigt.

Wenden wir nun die Blickrichtung auf unsere Kirche. Es geht nicht darum, Grundstück und Gebäude aufzuräumen, obwohl das auch wichtig ist. Es geht auch nicht um Aufgaben, die an einen Auftrag oder ein Amt gebunden sind. Schon Sirach sagte: *„Mit dem, was dir nicht aufgetragen ist, gib dich nicht ab"* (Kapitel 3, Vers 24).

Es gibt aber etwas, was wir alle tun können, nämlich für den Nächsten beten. Dabei brauchen wir gar nicht zu wissen, welche Sorgen er hat, oder ob er selbst Schuld an seiner schwierigen Situation ist. Es ist die Liebe, die unser großer Gott in unser Herz hineingelegt hat, die uns dazu treibt, an meinen Nächsten im Gebet zu denken.

Es müssen auch keine langen und ausführlichen Gebete sein. Wenige Worte sind vielfach schon ausreichend. Von Stammapostel Bischoff wurde berichtet, dass er oft ein ganz kurzes Gebet sprach: „Ach, Vater!" Im Wort „Ach" lagen alle seine Sorgen und im Wort „Vater" sein ganzes Vertrauen zu Gott.

Warum sollten nur die Amtsträger allein beten, warum nicht auch du? Du kannst ganz sicher sein, dass der liebe Gott nicht genervt ist von vielen Fürbitten und Gebeten der Menschen.

Gedanken zum Gottesdienst für die Entschlafenen (Verstorbenen)

Der Monat November ist trüb, neblig und kalt. In dieser Zeit wird von vielen Menschen, vornehmlich von Christen, an diejenigen gedacht, die nicht mehr leben. In der Neuapostolischen Kirche wird traditionell am ersten Sonntag im November ein besonderer Gottesdienst durchgeführt zum Gedenken und zur Hilfe für die Entschlafenen.

Wir handeln entsprechend dem Vorbild von Jesus. Nach seiner Kreuzigung ging er in die Gefängnisse zu denen, die zur Zeit Noahs nicht glauben konnten. Er predigte ihnen das Evangelium (siehe 1. Petrus 3, Vers 20 und 1. Petrus 4, Vers 6). So beten wir an diesem Sonntag besonders für alle Menschen, die verstorben sind.

Eine genaue Zahl dieser Seelen kann man nicht angeben. Um eine Vorstellung davon zu haben, um wie viele es sich handeln könnte, sind diese beiden Werte hilfreich: Täglich sterben auf der Welt etwa 200.000 Menschen, das sind im Jahr knapp so viele, wie Deutschland Einwohner hat. Trotzdem nimmt die Weltbevölkerung nicht ab, denn es werden noch mehr Kinder geboren.

Kein Mensch kann alle diese Menschen kennen oder wissen, wie sie heißen. Denken wir in diesem Zusammenhang an die Corona-Toten, die Opfer von Verkehrsunfällen und die Menschen, die in afrikanischen Ländern verhungern. Es ist auch gar nicht nötig, sie alle persönlich zu kennen, wenn wir beim lieben Gott um Erbarmen und Gnade für sie bitten. Vielleicht können wir einzelne Gruppen ansprechen oder auch einige Verstorbene namentlich nennen. Notwendig ist das aber nicht.

Ein Beispiel, das ich vor Kurzem gelesen habe, mag zum besseren Verständnis beitragen: Es geht dabei um die Arbeiter in einem Elektrizitätswerk. Jeder hat dort seine Aufgabe, damit elektrische Energie gewonnen und weitergeleitet werden kann. Alle sind damit beschäftigt, die angeschlossenen Haushalte mit Strom zu versorgen. Niemand der dort Beschäftigten wird auf den Gedanken kommen, seine Arbeit einzustellen, nur weil er die Menschen in den einzelnen Haushalten nicht persönlich kennt. Er arbeitet für alle Kunden, auch wenn er sie nicht namentlich kennt und nie zu Gesicht bekommen hat.

So dürfen wir auch für die vielen Menschen beten, die in den Bereichen der jenseitigen Welt sind, aber noch nicht zu den Erlösten zählen. Der große und allmächtige Gott mag ihnen allen gnädig sein. Wenn der Herr seinen Plan vollendet hat und auch viele der Seelen bei ihm sind, für die wir hier gebetet haben, wird die Freude groß sein.

Spuren

Timo spielte im Sand direkt an der Wasserlinie. Seine Eltern saßen im Strandkorb und beobachteten ihn. Er baute aus dem nassen Sand Hügel, legte Kanäle an und malte Figuren mit seinem Schäufelchen in den Sand. Aber sobald eine Welle kam, war von seiner „Arbeit" nichts mehr zu sehen. Das Wasser hatte die Spuren seiner spielerischen Tätigkeit einfach weggewischt.

Vor Kurzem hatte es stark geregnet. Mein Weg führte durch eine Pfützenlandschaft. Obwohl ich mir Mühe gab, nicht in den Matsch zu treten, waren meine Schuhe dreckig geworden. Deshalb putzte ich sie im Hausflur auch gut ab – aber nicht gut genug. Auf den Fliesen waren meine Fußabdrücke deutlich zu sehen. Meine Frau schüttelte zunächst den Kopf, dann beseitigte sie meine Spuren mit einem Feudel.

Herr Huber hatte sich einen Wunsch erfüllt: einen Flügel in seinem Wohnzimmer. Nun wurde er geliefert. Vier starke Männer trugen ihn ins Zimmer und stellten das Musikinstrument auf den vorgesehenen Platz. – Einige Tage später verschob Herr Huber den Flügel, weil er ihm an der bisherigen

Position nicht gefiel. Voller Schrecken musste er feststellen, dass die Räder an den Füßen des Flügels deutliche Spuren im Parkett hinterlassen hatten.

Als Jesus über diese Erde ging, hat er auch deutliche Spuren hinterlassen. Er trieb böse Geister aus, heilte Kranke und erweckte sogar Tote wieder zum Leben. Noch wichtiger aber war, dass er seine Jünger beauftragte, den Menschen die Sünden zu vergeben, damit sie einmal ewig bei Gott leben können, sofern sie sich auf dieses Leben hier schon vorbereiten.

Welche Spuren hinterlassen wir in unserem Leben? Hierzu schlug ein kluger Mann vor, wir sollten einmal unseren eigenen Nachruf schreiben, ehrlich und ungeschönt. Das, was wir dann da notiert haben, sind die Spuren, die wir in unserem Leben hinterlassen.

Zusagen

Oh, Mann, war mir das peinlich. Ich hatte meinem Bekannten versprochen, das Buch zu unserem Treffen mitzubringen, das ich mir von ihm ausgeliehen hatte. Nun lag es bei mir zu Hause auf dem Tisch. Ich hatte es vergessen mitzunehmen. – Noch am selben Tag fuhr ich zu ihm nach Haus und brachte ihm das Buch vorbei. Ich hoffe, er hält mich nicht für unzuverlässig.

Ich las vor Kurzem eine Geschichte: Es war kalt geworden, die Straßen waren glatt. Schnee lag auf den Wegen. Ein kleiner Junge hatte versprochen, im Krippenspiel am Heiligen Abend einen der drei Weisen aus dem Morgenland zu spielen. Sein Vater wollte ihn dazu mit dem Auto zur Kirche im Nachbardorf fahren.

Unterwegs aber streikte der Motor. Während sich der Vater bemühte, das Fahrzeug wieder in Gang zu bekommen, war der Junge ausgestiegen. Trotz der glatten Wege und seines nur dünnen Kostüms hatte er sich zu Fuß auf den Weg gemacht, um noch rechtzeitig in der Kirche zu sein – und er hatte es geschafft. Anschließend erklärte er seinem Vater: „Ich hatte es doch versprochen."

Sicher ist es uns auch schon einmal passiert, dass wir etwas versprochen und doch nicht gehalten haben. Meistens kam dann etwas dazwischen, sodass unsere Zusage in den Hintergrund geriet und dann vergessen wurde. In der Regel steckt aber keine böse Absicht dahinter. – Wir kennen aber auch im umgekehrten Fall die Enttäuschung, wenn jemand seine Zusage uns gegenüber nicht eingehalten hat.

Auch Jesus hatte über dieses Thema gepredigt, als er von den zwei Söhnen eines Weinbauern sprach. Der eine Sohn lehnte die Mitarbeit ab, bereute dann seine Weigerung und ging in den Weinberg. Der andere Sohn sagte freudig zu, aber er erfüllte sein Jawort nicht. – Jesus lobte das Verhalten der Söhne nicht. Da der erste Sohn den Willen des Vaters, wenn auch nicht sofort, erfüllt hatte, sei das aber besser, als das reine Lippenbekenntnis seines Bruders, dem er keine Tat folgen ließ (Lukas 21, Verse 28-32).

Es gibt noch eine ganz wichtige Zusage von Jesus für uns: *„Und wenn ich hingehe, euch die Stätte zu bereiten, will ich wiederkommen und euch zu mir nehmen, auf dass auch ihr seid, wo ich bin"* (Johannes 14, Vers 3). – Auf dieses Versprechen können wir uns verlassen. Schließlich steht der allmächtige Gott dahinter, und der hat seine Verheißungen bisher alle erfüllt.

Gott weiß alles

Herr Seifert war mit seinem Auto unterwegs. Noch zeigte die Ampel vor ihm Grün. Dann sprang sie um über Gelb auf Rot. Er musste bremsen und blieb an der Haltelinie stehen. ‚Warum war die Grünphase nicht ein wenig länger, dann hätte ich die Kreuzung noch passieren können', ärgerte er sich.

Während er wartete, beobachtete er den Querverkehr. Es waren sehr viele Autos, die nun fahren durften. ‚Wieso weiß die Ampel, wie viele Autos da warten und wie lange dann Grün sein muss?', dachte er weiter. – Ein Freund, den er danach fragte, erklärte es ihm: „Vor den Ampeln sieht man in der Straße rechteckige Markierungen. Das sind Induktionsschleifen, die die Autos zählen, die darüber fahren. Außerdem sind an manchen Ampeln auch Kameras angebracht, die die wartenden Autos erfassen. Der Computer regelt die Ampelphasen so, dass alle möglichst schnell weiterfahren können. Das ist aber nur möglich, weil dem Computer alle Informationen über das momentane Verkehrsaufkommen zur Verfügung stehen."

Neulich habe ich ein Maislabyrinth besucht. Ich

habe versucht, mir den Plan am Eingang einzuprägen, um ohne Umwege zu dem in der Mitte stehenden Turm zu gelangen. Trotz aller Mühe habe ich mich doch einige Male verlaufen. – Als ich auf dem Turm stand, hatte ich den Überblick und erkannte, wo ich falsch abgebogen war. Ich sah auch zwei Leute, die im Labyrinth herumirrten. Ihnen konnte ich von der erhöhten Warte aus den kürzesten Weg zum Turm weisen. Auch hierzu war es nötig, dass ich, durch den Überblick von höherer Position aus, die Informationen über alle möglichen Wege hatte.

Den vollständigen Überblick über alle Menschen, ihre Wünsche und Fähigkeiten, ihre Pläne und Ziele, den hat einzig und allein der große Gott. Wenn wir alle seinen Willen tun würden, hätten wir jetzt schon paradiesische Zustände auf der Erde. Aber Gott hat uns einen freien Willen geschenkt. Wir können in weiten Grenzen entscheiden, was wir tun und was nicht. Allerdings muss man auch die Konsequenzen tragen. In den oben angeführten Beispielen kann man seinen Führerschein verlieren, wenn man bei Rot über die Ampel fährt. Im Maislabyrinth kann es sehr lange dauern, bis man endlich wieder den Ausgang gefunden hat.

Wohl niemand wird darauf verzichten wollen, später einmal in der Herrlichkeit bei Gott leben zu wollen, ohne Sorgen und mit ewigen Freuden. Aber auch dazu ist es notwendig, den Willen Gottes zu kennen und umzusetzen. Sein Wille lässt sich in zwei Sätzen zusammenfassen: *Du sollst den Herrn, deinen Gott, lieben von ganzem Herzen, von ganzer Seele und mit all deiner Kraft und deinem ganzen Gemüt, und deinen Nächsten wie dich selbst* (Lukas 10, Vers 27).

Lobe den Herrn, meine Seele
(Psalm 103, Vers 2)

„Wenn ich keine Kritik übe, dann ist das Lob genug." Mit diesen Worten begründete ein Chef seine Haltung, als er darauf angesprochen wurde, dass er nie loben würde.

Wir alle sind für ein Lob sehr empfänglich. Zeigt es uns doch, dass man unsere Meinung, unser Vorgehen und unsere Leistung gut findet. Andererseits dürfen wir natürlich auch loben, wenn wir etwas Gutes bemerken. Damit zeigen wir unseren Mitmenschen, dass wir ihre Art und ihr Handeln anerkennen.

Warum fällt uns das Loben denn manches Mal so schwer? Vielleicht liegt es daran, dass wir die gute Tat, das freundliche Wort oder die positive Idee für selbstverständlich halten. Und das muss dann ja nicht unbedingt besonders erwähnt werden.

Das, was der liebe Gott für uns getan hat, ist nicht selbstverständlich. Wir sind aus Gnaden erwählt, dürfen Gottesdienste und Sündenvergebung erleben und Heiliges Abendmahl feiern. Wir haben genug zu essen und leben in einem friedlichen Land. Dafür dürfen wir ihn gerne loben – im Gebet und auch „öffentlich". Dafür gibt es einen guten Grund, wie das folgende Beispiel zeigt:

Nach einem Fußballspiel wird der Trainer einzelne Spieler direkt loben, weil sie Tore geschossen haben, brenzliche Situationen vor dem eigenen Tor bereinigt und Zweikämpfe gewonnen haben. Ein solches Lob wird den Spieler auch in Zukunft motivieren, sich weiterhin voll für den Verein einzusetzen.

Ein Sportreporter wird einen Spieler selten direkt auf seine gute Leistung ansprechen, er wird darüber in der Zeitung berichten. Dort können dann viele Menschen davon lesen. So entsteht schließlich ein positives Bild von diesem Spieler und darüber hinaus auch vom Fußballklub.

Wenn wir Gott im stillen Gebet für seine Gnade danken und ihn für seine Hilfe loben, ist das in Ordnung. Wenn wir aber auch gegenüber anderen Menschen erzählen, was Gott Großes an uns getan hat, wo wir ihn erleben konnten und seine Hilfe gespürt haben, dann loben wir Gott öffentlich. Auf diese Weise kann in unseren Mitmenschen ein positives Bild des großen und allmächtigen Gottes entstehen.

Vorbereitung

„Morgen ist es blöd in der Schule." Und auf Nachfrage ihrer Mutter antwortet Regina: „Wir schreiben einen Test in Geschichte." „Du hast doch dafür gelernt, oder?" Die Antwort kommt zögerlich: „Na, ja, es war noch so viel anderes zu tun."

Ich weiß nicht, wie der Test für Regina ausgefallen ist, hoffentlich ist sie noch mit einem blauen Auge davon gekommen. Wichtig ist für sie aber, dass sie für die Zukunft gelernt hat, sich rechtzeitig und gründlich vorzubereiten.

Wenn die Hausfrau ein köstliches Menü zubereiten oder einen besonderen Kuchen backen will, dann muss sie diese Arbeiten auch vorbereiten, das heißt eine Einkaufsliste erstellen und die Zutaten besorgen. Was nützt das beste Rezept, wenn es, wegen mangelnder Zutaten, nur Theorie bleibt. Auch die Familie, die in Urlaub fahren will, muss entsprechende Vorbereitungen treffen. Es muss nicht nur das Quartier bestellt werden. Auch beim Kofferpacken ist es wichtig zu wissen, was man alles braucht. Das ist je nach Urlaubsziel verschieden, denn ein Skiurlaub benötigt andere Kleidung als die Ferien am Strand.

Stellen wir uns einmal vor, der 10-jährige David würde zur englischen Queen zum Fünf-Uhr-Tee eingeladen werden. Dann müsste er sich entsprechend vorbereiten. Er dürfte nicht einfach zur Königin hinlaufen und fragen: „Hallo, Oma, wie geht's?" Auch müsste er warten, bis die Queen angefangen hätte zu essen, bevor er selbst zugreift.

Auch wenn er und auch wir eine solche Einladung wohl nie erhalten werden, hilft uns das Beispiel schon zu verstehen, dass wir uns auf die Begegnung mit Gott vorbereiten müssen, zumal der große und allmächtige Gott viel wichtiger ist als jedes Staatsoberhaupt. Wir erhalten in jedem Gottesdienst Hinweise, um uns entsprechend vorbereiten können.

David wäre mit Sicherheit stolz auf die Einladung der Queen gewesen. Wir dürfen froh und dankbar sein, dass uns der liebe Gott eingeladen hat, einmal in seinem Reich bei ihm zu sein. Seien wir darauf recht vorbereitet.

Gedenktage

Es gibt im Jahr mehrere Gedenktage, zum Beispiel den 1. Mai (Tag der Arbeit) oder den 3. Oktober (Tag der Deutschen Einheit). Nicht viele wissen, wie diese besonderen Feiertage entstanden sind (1. Mai: In Amerika streikten am 1. Mai 1886 über 400.000 Arbeiter für einen Acht-Stunden-Tag. 3. Oktober: Die Wiedervereinigung der beiden deutschen Staaten, BRD und DDR, wurde feierlich begangen.)

Wir genießen diese Tage und die freie Zeit, die sie uns schenken, und freuen uns auch heute über das, was an diesen Tagen gefeiert wird.

Es gibt noch weitere Gedenktage, ich denke an Weihnachten. Hier ist es genau andersherum: Die meisten Menschen kennen die Weihnachtsgeschichte und viele Details, die mit der Geburt von Jesus Christus zusammenhängen. Aber die Auswirkungen in der heutigen Zeit sind ihnen vielfach unbekannt.

Jesus hatte, als Sohn Gottes, den Auftrag, den Menschen den Weg zum ewigen Heil zu zeigen, also zu erklären, wie man es schaffen kann, ewig mit Gott zusammenzuleben. Dieses Vergnügen hatten nur die ersten beiden Menschen Adam und Eva, zumindest so lange, bis sie aus dem Paradies verwiesen wurden.

Damit ist klar, dass der Verstoß gegen göttliche Gebote, also die Sünde, von Gott trennt. Jesus hat durch seinen Tod am Kreuz die Möglichkeit geschaffen, dass Sünde vergeben werden kann. Diesen Auftrag hat Jesus seinen Aposteln erteilt: *„Welchen ihr die Sünden erlasst, denen sind sie erlassen"* (Johannes 20, Vers 23).

Er hat Hinweise gegeben, wie man sich auf das ewige Leben bei Gott vorbereiten sollte. So war die Liebe zu Gott und zu seinem Nächsten dabei ein zentraler Punkt (siehe Lukas 10, Vers 27).

Über allem aber hat er denen, die sich an seine Hinweise halten, ein großes Versprechen gegeben: *„... will ich wiederkommen und euch zu mir nehmen, auf dass auch ihr seid, wo ich bin"* (Johannes 14, Vers 3).

Gott ist treu

Die beiden jungen Leute standen vor dem Standesbeamten. Er fragte sie, ob sie einander treu sein wollen, solange sie leben. Beide beantworteten diese Frage mit einem überzeugten „Ja!". Dann besiegelten sie dieses Versprechen mit einem Kuss.

Es dauerte nur drei Jahre, dann trafen sie sich vor dem Familiengericht wieder. Sie hatten die Scheidung eingereicht. Es sei dahingestellt, ob der junge Mann oder seine Frau es mit der Treue nicht so genau nahm. Sie hatten sich immer wieder andere Partner gesucht.

Wenn der große Gott zusagt, er sei treu, dann steht er zu seinem Wort: *„Denn Gott ist treu ..."* (1. Korinther 1, Vers 9). Er legt aber auch Wert auf unsere Treue. Jesus erklärte es in einem Gleichnis: *„Recht so, du guter und treuer Knecht, du bist über wenigem treu gewesen, ich will dich über viel setzen; geh hinein zu deines Herrn Freude!"* (Matthäus 25, Vers 21).

Ein Beispiel aus dem Leben verdeutlicht, dass Gott seine Treue zu uns nicht von unserem Verhalten abhängig macht: Jeder Rentner erhält monatlich einen bestimmten Betrag aus der Rentenkasse. Damit soll er seinen Lebensunterhalt bestreiten. Die meisten Menschen teilen sich das Geld gut ein, damit es für die notwendigen Ausgaben reicht.

Wenn jemand verschwenderisch mit der erhaltenen Rente umgeht, kann es passieren, dass er schon nach einem halben Monat keinen Cent mehr zur Verfügung hat. Aber auch in diesem Fall wird zu Beginn des neuen Monats wieder die Rente überwiesen. Das Verhalten des des Rentenempfängers spielt dabei keine Rolle.

Auch wenn wir es mit unserer Treue zu den Gott gegebenen Versprechen bei der Taufe und bei der Konfirmation nicht immer so genau nehmen sollten, er bleibt treu, wie er es versprochen hat: *„Wenn einige untreu wurden, hebt dann ihre Untreue die Treue Gottes auf? Das sei ferne!"* (Römer 3, Verse 3 und 4).

Wissen – Glaube

„Glauben heißt nicht wissen!" Dieser Satz stimmt, egal, wie man ihn betont:

„Glauben heißt – nicht wissen"
oder „Glauben heißt nicht – wissen"

Für viele Menschen ist es heute selbstverständlich, alle Dinge zu hinterfragen. Sie wollen die Hintergründe erfahren und die Zusammenhänge kennenlernen. Diese Haltung ist im Prinzip nicht schlecht. Das Problem entsteht erst, wenn es keine Erklärung gibt oder sie die Erklärung nicht verstehe oder erfassen können.

Die meisten von uns besitzen ein Fernsehgerät. Wenn man einem Techniker über die Schulter schaut, der gerade ein solches Gerät repariert, sieht man viele kleine bunte Bauteile. Wenn wir auf eines dieser elektronischen Teile zeigen würden, könnte uns der Fachmann sicher erklären, wie es funktioniert und welche Aufgabe es an dieser Stelle im Gerät hat.

Vielen von uns wird es dann so gehen, dass uns nach kurzer Zeit der Kopf brummt und wir darum bitten, dass er mit der Erklärung aufhören soll.

Wir haben Vertrauen zu seinen Kenntnissen und zu den Ingenieuren, die das Gerät entwickelt haben und glauben, dass alles so sein muss, wie es ist. – Und schließlich funktioniert ja der Fernseher. Stellen wir uns einmal vor, wir könnten den großen Gott fragen, wie Jesus es geschafft hat, dass mit zwei Fischen und fünf Broten viele Tausend Menschen satt wurden (siehe Matthäus, Vers 19). Natürlich könnte er es uns erklären, genau wie die anderen Wunder, von denen wir in der Bibel lesen. Dazu müsste er sicher ganz weit ausholen und Zusammenhänge herstellen, die wir vielfach gar nicht verstehen können. Auch hier würden wir ihn nach kurzer Zeit bitten, die Erklärung zu beenden, weil wir das alles nicht fassen können. Aber wir können es glauben, weil Gott ja allmächtig ist.

Wissen und glauben, alles hat seinen Platz. Wenn in der Schule gefragt wird: „Wieviel ist fünf mal drei?", und der Schüler antwortet: „Ich glaube dreizehn.", dann ist das im doppelten Sinn falsch. Erstens ist die korrekte Antwort fünfzehn und zum anderen ist hier nicht Glaube gefragt, sondern Wissen.

Jesus hat versprochen wiederzukommen und die zu sich zu holen, die auf ihn warten, und zwar in einem Augenblick (siehe Johannes 14, Vers 3 und

1. Thessalonicher 4, Verse 16 und 17). Hier ist die Frage nach dem „wie" fehl am Platz. Hier ist der Glaube gefordert.

Für alle, die doch gerne eine Erklärung hätten, hat Jesus eine Verheißung gegeben: *An jenem Tag werdet ihr mich nichts fragen* (Johannes 16, Vers 23).

Gottes Wille

„Da ist wieder so ein großes Unglück passiert. Hätte Gott das nicht verhindern können?" Egal, ob es sich um einen Wirbelsturm, eine Flutwelle oder eine Seuche handelt, diese Frage wird von so manchem Menschen gestellt.

Wir haben unsere Vorstellung, wie Gott handeln sollte. Aber der Prophet Jesaja erklärte schon: *„Denn meine Gedanken sind nicht eure Gedanken und eure Wege sind nicht meine Wege, spricht der Herr, sondern so viel der Himmel höher ist als die Erde, so sind auch meine Wege höher als eure Wege und meine Gedanken als eure Gedanken"* (Jesaja 55, Verse 8 - 9).

Eine Geschichte, die ich hier aus der Erinnerung wiedergebe, mag diese Bibelverse verdeutlichen.

Ein Mann war unzufrieden mit der Entwicklung der Dinge. Besonders die Erklärung, es sei alles Gottes Wille, stellte ihn nicht zufrieden. Da trat ein Fremder zu ihm und sagte. „Komm mit! Ich will dir Gottes Willen erklären."

Sie wanderten den ganzen Tag und kehrten am Abend bei einer armen Familie ein. Dort bekamen sie etwas zu essen und konnten dort auch schlafen. Als sie am nächsten Tag aufbrachen, nahm der

Fremde einen goldenen Becher mit. Den fragenden Blick des Mannes beantwortete er mit den Worten: „Das ist Gottes Wille."

Die nächste Nacht verbrachten sie wieder bei armen Leuten. Als sie am darauf folgenden Tag weggingen, zündete der Fremde ihnen das Haus an, sodass es vollständig niederbrannte. Etwa ärgerlich kam dann die Frage: „Das kann doch nicht göttlicher Wille sein, oder?" Die Antwort war die gleiche: „Das ist Gottes Wille."

Auch die dritte Nacht verbrachten sie bei freundlichen Leuten. Da der Weg am nächsten Tag durch ein gebirgiges Gebiet führte, gaben die Gastgeber den beiden Wanderern ihren Sohn als Begleiter mit. Auf dem höchsten Punkt ihres Weges stieß der Fremde den jungen Mann herunter. Er schlug auf viele Felsen auf und war sofort tot.

Nun platzte unserem Mann aber der Kragen: „Das kann nie und nimmer der Wille Gottes sein!!!" Und er sprach diesen Satz mit drei Ausrufezeichen.

Doch der Fremde erklärte: „Der goldene Becher, den ich mitgenommen habe, war vergiftet. Wer daraus getrunken hätte, wäre gestorben. Und unter dem Haus, das nun abgebrannt ist, befindet sich ein großer Schatz. Damit können sich die Leute ein neues, noch schöneres Haus bauen und haben für den Rest ihres Lebens keine finanziellen Sorgen mehr."

Das alles konnte unser Mann nachvollziehen. Aber warum der hilfsbereite, junge Mann sterben musste, wollte ihm nicht in den Sinn. „Der junge Mann hat schon einige Verbrechen begangen. Er hatte sogar geplant, des Geldes wegen andere Menschen umzubringen. Nun sind seine Eltern zwar traurig über den Verlust ihres Kindes. Wie viel Leid und Kummer sind ihnen aber nun erspart worden." Dann verschwand der Fremde.

Nachdenklich blieb der Mann zurück. ‚Das habe ich ja alles nicht gewusst.' Und er war dankbar, dass alles nach dem Willen Gottes geschieht.

Warum?

„Warum muss ich die Mütze anziehen?" Dirk geht einen Schritt zurück, als ihm seine Mutter die Mütze aufsetzen will. „Weil es draußen kalt ist." Seine Mutter ahnt, wie das Frage- und Antwortspiel weitergehen wird. „Warum ist es draußen kalt?" „Weil wir Winter haben, und im Winter ist es eben kalt." „Warum haben wir Winter?" „Das hat der liebe Gott so eingerichtet." „Warum ..."

Für viele von uns ist ein solcher Dialog nicht unbekannt. Die Kinder betrachten es vielleicht als lustiges Spiel, mit dem man die Erwachsenen beschäftigen und damit von ihrem Vorhaben ablenken kann.

Die Frage nach dem ‚Warum?' hat aber auch einen Sinn. Wenn etwas schief geht oder ein Fehler passiert oder ein Gerät nicht mehr funktioniert, soll durch die Antwort die Ursache dafür gefunden werden. Dabei wird man nicht in jedem Fall selbst eine Lösung finden. Vielfach muss ein Fachmann zurate gezogen werden.

Es gibt aber auch Fragen, die hier niemand beantworten kann. Dabei geht es um Unglücke, die geschehen oder schwere Krankheiten, die ein netter

Mensch durchleben muss und vielleicht auch daran stirbt. Dann wendet man sich an Gott um eine Erklärung. Aber in den seltensten Fällen wird man sie bekommen. Das kann dann zu Unzufriedenheit führen.

Aus diesem Grund sollte man dem Fragewort ‚Warum?' zwei andere Worte voranstellen: **Gott weiß, warum!**

Vergeben - Vergessen

„Das vergesse ich Dir nie!" Markus schrie seinem Kumpel Sven diese Worte ins Gesicht. Sven hatte ihm seine Freundin ausgespannt, war mit ihr bei einer Fete gewesen und hatte dann bei ihr übernachtet. Dass es nicht bei dieser einen Nacht geblieben war, hatte Markus gerade erfahren.

„Das vergesse ich Dir nie!" Diese Worte sagte Lars mit bewegter Stimme zu seinem Nachbarn Daniel. Lars hatte die Nachricht bekommen, dass es mit seinem Vater, der schon einige Zeit im Krankenhaus lag, wohl zuende gehen würde. Natürlich wollte er jetzt dorthin fahren, um seinen Vater noch einmal zu sehen. Aber sein Auto sprang nicht an. Sein Nachbar Daniel gab ihm seine Fahrzeugpapiere und den Wagenschlüssel: „Nimm mein Auto."

Lars wird sich sicher gerne an die Hilfsbereitschaft seines Nachbarn erinnern und nicht vergessen, dass er ihm in einer schwierigen Situation geholfen hatte. Vergeben brauchte er ihm nichts.

Markus hingegen wird wohl auch kaum vergessen, was ihm sein Kumpel Sven angetan hat. Aber wie sieht es bei ihm mit dem Vergeben aus? Wird er noch eine lange Zeit nachtragend sein?

Im Wort ‚nachtragend' stecken zwei Begriffe: ‚Nach' bedeutet, dass es sich um etwas aus der Vergangenheit handelt, etwas, was jetzt nicht mehr zu ändern ist. ‚Tragend' heißt dann, dass man sich mit einer Last in der Gegenwart herumschleppt. Das erfordert Kraft, die man an anderer Stelle gut gebrauchen könnte. Diese Last kann man nur loswerden, wenn man demjenigen vergibt, der einem Übles angetan hat.

Hin und wieder werden einem die Gedanken an das erlittene Unrecht kommen. Wenn man aber wirklich vergeben hat, stellen sich dann keine Hassgefühle oder Rachegedanken ein. Vielleicht ist dann da noch ein wenig Traurigkeit, aber mehr nicht.

Zu vergeben ist nicht leicht. Ich erfuhr von einem Bekannten, dass sein Bruder in den letzten Kriegstagen vor seinen Augen erschossen wurde. Selbst nach mehreren Jahrzehnten hatte er Probleme damit, dem Täter zu vergeben.

Auch wenn es nicht sofort gelingt zu vergeben, sollte man sich weiter darum bemühen. Der Volksmund sagt schon: „Nur, was man aufgibt, hat man verloren."

Vorhersagen

Wir alle kennen den Wetterbericht, eine Vorhersage über die Entwicklung des Wetters. Gerade bei Aktivitäten in freier Natur ist es schon ratsam, sich über das Wetter zu informieren. Trotzdem kann es aber sein, dass sich das Wetter anders entwickelt als verausgesagt, dass es regnet, obwohl Sonnenschein angekündigt war. Als Erklärung wird dann gesagt, dass sich die Wolken und die Luftmassen anders bewegt hätten als gedacht.

Zum Jahresende gibt es in vielen Zeitschriften eine Voraussage für die nächsten zwölf Monate. Dabei geht es um die wirtschaftliche Entwicklung, um Ergebnisse von sportlichen Großereignissen oder um zu erwartende Schwierigkeiten. – Ein Jahr später wird dann geprüft, wie weit die Prognosen gestimmt haben. In der Regel trifft das dann nur auf die wenigsten Vorhersagen zu.

Es ist schon entscheidend zu wissen, wer eine Voraussage abgibt. Bei Aussagen von Astrologen über die persönliche Zukunft, die sie aus der Konstellation der Planeten und dem Geburtszeitpunkt ableiten, sollte man vorsichtig sein. Den Meteorologen, die ihre Vorhersagen mit Hilfe von wissenschaftlichen Untersuchungen treffen, kann man schon mehr vertrauen.

Absolutes Vertrauen ist aber gegenüber Gott angebracht. Seine Voraussagen haben sich erfüllt. Denken wir an seine Verheißung gegenüber den ersten Menschen, als er sie aus dem Paradies verwies. Im ersten Buch Mose, Kapitel 3, Vers 15 hat Gott schon den Erlöser verheißen, seinen Sohn Jesus.

Der Prophet Micha sagte Bethlehem als den Geburtsort des Erlösers voraus (Micha, Kapitel 5, Vers 1).

Und auch Jesus gab eine Voraussage, die sich danach erfüllte: *Und siehe, ich sende auf euch, was mein Vater verheißen hat* (Lukas Kapitel 24, Vers 49). Wenige Tage später empfingen seine Jünger den Heiligen Geist, so wie es im zweiten Kapitel der Apostelgeschichte unter der Überschrift des Pfingstwunders beschrieben ist.

Eine Voraussage ist aber noch offen: *Und wenn ich hingehe, euch die Stätte zu bereiten, will ich wiederkommen und **euch** zu mir nehmen, damit ihr seid, wo ich bin* (Johannes Kapitel 14, Vers 3). Wie alle anderen Verheißungen werden sich auch diese Worte erfüllen. Wichtig für uns ist es, dass wir zu denen gehören, die er mit dem Wort „euch" gemeint hat.

Geduld

Peter Schneider war auf der Autobahn gut vorangekommen. Dann sah er aber vor sich viele Bremslichter aufleuchten. „Nein, bloß keinen Stau", dachte er. Aber die Autokolonne kam zum Stehen. Als durch die Rettungsgasse auch noch Krankenwagen und die Feuerwehr fuhren, war ihm klar: „Das dauert." Da brauchte er Geduld.

Die neunjährige Silke hatte Blumensamen geschenkt bekommen. Unter Anleitung ihrer Mutter säte sie die kleinen Samenkörnchen in einem Blumentopf aus. Jeden Tag schaute sie nach, ob die Blumen schon aufgegangen wären. Am liebsten hätte sie die Erde zur Seite geschoben und nachgesehen. Aber das hatte ihr die Mutter nicht erlaubt. So musste sich Silke einige Wochen in Geduld üben, bis das erste zarte Grün zu sehen war.

Sven gab einigen jüngeren Schülern Nachhilfe in Mathematik. Zum einen besserte er sich damit sein Taschengeld auf, zum anderen hat er dabei gelernt Geduld zu haben. Manche Regeln und Lösungswege musste er mehrfach erklären, bis sein Nachhilfeschüler ihn verstand. Schimpfen wäre in einer solchen Situation völlig fehl am Platze.

Jesus hat zugesagt wiederzukommen und die Seelen, die bereit sind, zu sich zu holen. Das ist bisher noch nicht geschehen. Also müssen wir Geduld haben.

Ist es aber nicht genau andersherum? Sind die Menschen denn schon bereit, in das Reich Gottes einzugehen? Der Apostel Petrus hat das ganz deutlich beschrieben: *Der Herr verzögert nicht die Verheißung, wie es einige für eine Verzögerung halten; sondern er hat Geduld mit euch und will nicht, dass jemand verloren werde, sondern dass jedermann zur Buße finde* (2. Petrus 3, Vers 9).

Grenzen

Wenn wir von einem Land in ein anderes reisen, passieren wir eine Grenze. Vielfach muss man dann seine Personalpapiere und manchmal auch ein Visum vorweisen.

Kommt man an einen Fluss, braucht man Hilfe, um ans andere Ufer zu kommen; entweder ist eine Brücke da oder man setzt mit einem Schiff über. Ein hohes Gebirge überwindet man am Besten mit einem Flugzeug.

Auch bei den menschlichen Fähigkeiten gibt es Grenzen.

Sven trainiert eifrig Gewichtheben. Langsam steigert er seine Leistung. Aber ab einem bestimmten Gewicht ist Schluss. Sein Trainer rät ihm ab weiter zu machen. Seine Muskeln können die erforderliche Kraft nicht aufbringen, Sehnen könnten reißen und Knochen brechen.

Silke sitzt über ihren Hausaufgaben. Sie kommt nicht auf die Lösungen. Auch die Mutter kann ihr nicht helfen. Sie vertröstet ihre Tochter auf den Abend, wenn der Vater heimkommt. Aber auch er stößt mit seinem Wissen an seine Grenzen und rät Silke, den Lehrer noch einmal zu fragen.

Opa Neuhof war die Hilfsbereitschaft in Person. Wenn irgendwo Not am Mann war, war er zur Stelle und hatte nach Kräften mitgeholfen. Nun liegt er aber mit Schmerzen im Krankenhaus. Die Ärzte sind ratlos und versuchen, sein Leiden zu lindern. Aber ihrer medizinischen Kunst sind Grenzen gesetzt.

In diesem Fall ist unser Verständnis begrenzt. Viele fragen sich, warum Gott einen so edlen Menschen so stark leiden lässt. Einen Hinweis lässt Gott durch den Propheten Jesaja sagen: *„Denn meine Gedanken sind nicht eure Gedanken und eure Wege sind nicht meine Wege, spricht der Herr, sondern so viel der Himmel höher ist als die Erde, so sind auch meine Wege höher als eure Wege und meine Gedanken als eure Gedanken"* (Jesaja 55, Verse 8 und 9).

Wenn wir bei Gott in seinem Reich sind, können wir ihn fragen, warum Opa Neuhof so leiden musste – wenn es uns dann noch interessiert.

Zielgerichtet

Familie Huber machte sich Gedanken, wohin die nächste Urlaubsreise gehen soll. Inzwischen sind die Überlegungen schon so weit fortgeschritten, dass der Urlaubsort festliegt und nur noch die passende Unterkunft gesucht wird. Dazu blättert die ganze Familie in den Prospekten des Fremdenverkehrsvereins.

Für Robbi, den Sohn, wird es die letzte gemeinsame Urlaubsreise sein. Nach den Ferien beginnt sein Studium der Elektrotechnik. Er hat auch schon bei einer Firma ein Praktikum gemacht. Dort hat es ihm gut gefallen.

Am Abend kommt Herrn Huber ein Gespräch in den Sinn. Sein Nachbar hat sich über seinen Sohn beklagt. Der hat die Schule mit Ach und Krach geschafft. Nun sitzt er zu Haus und weiß nicht, was er einmal machen soll. Täglich ist er mehrere Stunden im Fitnessstudio. Zu Haus sitzt er dann vor dem Computer, auf dem verschiedene Spiele ablaufen.

Natürlich haben wir Ziele in unserem Leben. Das muss auch so sein. Da aber der Tod nicht das Ende unserer Existenz ist - auch wenn das einige Menschen glauben -, sollten wir auch Ziele über unser irdisches Dasein hinaus haben.

Wie bei allen Zielen ist es notwendig zu wissen, wie wir das Ziel erreichen können. Jesus hat dazu einige Hinweise gegeben.

Der Weg führt über den Glauben an Jesus und das Befolgen seiner Hinweise: *„Ich bin der Weg und die Wahrheit und das Leben; niemand kommt zum Vater denn durch mich"* (Johannes 14, Vers 6). Weiter sagte er: *„Wenn jemand nicht geboren werde aus Wasser und Geist* [Taufe mit Wasser und dem Heiligen Geist], *so kann er nicht in das Reich Gottes kommen"* (Johannes 3, Vers 5). Und er gab noch einen wichtigen Hinweis: *„Es werden nicht alle, die zu mir sagen: Herr, Herr!, in das Himmelreich kommen, sondern die den Willen tun meines Vaters im Himmel"* (Mathäus 7, Vers 21). Und den Willen Gottes hat Jesus kurz zusammengefasst: *„Du sollst den Herrn, deinen Gott, lieben von ganzem Herzen, von ganzer Seele und mit all deiner Kraft und deinem ganzen Gemüt, und deinen Nächsten wie dich selbst"* (Lukas 10, Vers 27).

Diese Hinweise zu befolgen ist nicht leicht. Bei Unglücken, Krankheiten und Schwierigkeiten kommt die Liebe zu Gott schon einmal ins Wanken: „Warum hat er das zugelassen?" Und auch so manchen unserer Zeitgenossen zu lieben ist nicht leicht.

Deshalb ist die Erfüllung dieses Gebots eine Lebensaufgabe, schließlich geht es um ein außergewöhnlich großes Ziel, in der Herrlichkeit bei Gott zu leben.

Wünsche

„Ich wünsche mir ein Lastauto, auf dem ich auch sitzen kann. Und dann noch einen Bagger, der den Laster beladen kann." Sven hat sehr genaue Vorstellungen von seinen Weihnachtsgeschenken. Auch seine Schwester steht dem in nichts nach: „Ich wünsche mir die große Puppe mit den Schlafaugen. Und für die Puppe ein Hochzeitskleid und auch Sachen fürs Jogging."

Ralf ist schon etwas älter als Sven und seine Schwester. Sein Wunsch ist es, ein Smartphone zu bekommen. Typ und Ausstattung hat er auch gleich mit erwähnt.

Sibille möchte eine Geige haben, so wie ihre Freundin Emma. „Da musst du aber Noten lernen und viel üben", gibt ihr Vater zu bedenken. „Das kriege ich schon hin", sagt sie leichtfertig. Die Geige ihrer Freundin hat sie einmal in der Hand gehabt und einige krächzende Töne erzeugt.

Markus wünscht sich ein Fahrrad. Es soll ein Rennrad sein mit vielen Gängen und einer ganz tollen Lackierung. Das Problem: Markus kann noch nicht Rad fahren. „Das lerne ich mit dem tollen Rad im Handumdrehen!", behauptet er stolz.

Nicht alle Wünsche können erfüllt werden. Dafür gibt es verschiedene Gründe. Vielleicht sehen die Eltern Gefahren, die mit der Erfüllung des Wunsches verbunden sind. Ein Beispiel mag es verdeutlichen:

Lisa, keine drei Jahre alt, sitzt mit am Küchentisch, während ihre Mutter das Gemüse für das Mittagessen putzt. Mit einem scharfen Messer zerteilt sie eine Mohrrübe in kleine, mundgerechte Stücke. „Ich auch!", sagt Lisa und streckt ihre Hand nach dem Messer aus. Es ist uns allen klar, dass die Mutter das nicht erlauben kann. Wir hoffen, dass Lisa das auch einsieht und nicht trotzig reagiert, schreit oder mit den Füßen aufstampft.

Auch aus anderen Gründen müssen die Eltern manchen Wunsch ihrer Kinder ablehnen: Es fehlt an den finanziellen Mitteln, die geäußerten Wünsche zu erfüllen.

Gott ist allmächtig. Er könnte jeden Wunsch erfüllen. Aber nicht alles, was wir von ihm erbitten, ist auch gut für uns. In seiner Weisheit weiß er, was wir brauchen und was nicht. Aus dem Grunde ist es bei unerfüllten Bitten gut, nicht verärgert zu reagieren.

Jesus hat, bezüglich der dem lieben Gott vorgetragenen Bitten einen Hinweis gegeben: *Wenn ihr den*

Vater um etwas bitten werdet in meinem Namen, wird er's euch geben (Johannes 16, 23). Wenn Jesus also bei unserem geäußerten Wunsch zustimmend nicken könnte, dann wird ihn Gott auch erfüllen.

Frieden

Während die Mutter in der Küche ihrer Arbeit nachging, spielten ihre beiden Jungen im Kinderzimmer. Durch die nur angelehnte Tür hörte sie, wie die beiden aneinandergerieten: „Ich will jetzt das rote Auto haben!" „Nein, jetzt fahre ich damit! Nimm du doch den Laster!" „Der Laster ist doof!" „Du bist doof!"

Das war der Auslöser dafür, dass die Mutter nun eingriff. Als sie in der Tür des Kinderzimmers erschien, waren ihre beiden Söhne sofort ruhig. Sie saßen auf dem Teppich und hatten ihren ganzen ‚Fuhrpark' um sich herum verstreut. „Ich wünsche mir, dass ihr friedlich spielt, und ich bin mir ganz sicher, dass ihr das auch schafft." Damit drehte sie sich um und verschwand wieder in der Küche.

Nach einer halben Stunde, nachdem sie keinen Ton mehr aus dem Kinderzimmer gehört hatte, ging die Mutter um nachzuschauen. Ihre Söhne hatten mit ihren Buntstiften Straßenränder auf dem Teppich ausgelegt und fuhren nun abwechselnd mit den verschiedenen Autos entlang der markierten Wege. Zufrieden verließ die Mutter ihren Beobachtungsplatz.

Herr Seifert und Herr Schaub waren Nachbarn. Dort, wo ihre Grundstücke aneinanderstießen, hatte Herr Seifert eine Hecke gepflanzt, die auch auf die Parzelle von Herrn Schaub herüberragte. Das gefiel ihm gar nicht. „Die Hecke muss weg!", schimpfte er. Herr Seifert hatte aber nicht vor, die Hecke zu entfernen. „Die Hecke bleibt!", entgegnete er.

Immer, wenn sich die beiden Männer trafen, ging es im Streit zunächst um die Hecke, dann warfen sie sich Beleidigungen an den Kopf. Selbst die Polizei, die von besorgten Nachbarn gerufen worden war, konnte die beiden nicht beruhigen. Sie verschwanden mit einem verkniffenen Gesichtsausdruck in ihren Häusern, ohne weiter auf die Polizisten zu achten. Zufriedenheit sieht anders aus.

Frieden zu halten ist zu allen Zeiten wichtig gewesen. So schrieb Paulus an die Philipper: *Und der Friede Gottes, der höher ist als alle Vernunft, wird eure Herzen und Sinne in Christus Jesus* bewahren (Philipper 4, Vers 7). Mit anderen Worten: Es ist wichtiger Frieden zu haben als Recht zu behalten.

Und auch Petrus wies auf den Frieden hin: ... *suche Frieden und jage ihm nach* (1. Petrus 3, Vers 11). Wir wissen, dass ein Hinterherjagen anstrengend ist. Das gilt auch, wenn wir dem Frieden nachjagen.

Den göttlichen Frieden findet man dort, wo Jesus sich offenbart. Als er sich nach seiner Auferstehung seinen Jüngern zeigte, begrüßte er sie stets mit den Worten: *„Friede sei mit euch!"* (siehe Lukas 24, Vers 36 und weitere Verse in den Evangelien).

Naturgesetze

Der Versammlungsraum war zu klein geworden, man musste ihn durch einen Anbau vergrößern. Wie zu der Zeit üblich, wurden dazu junge Bäume gefällt, die als Stützen für die Wände und das Dach dienten.

Eine Reihe von Männern machte sich auf, um diese Baumstämme am Ufer des Flusses zu besorgen. Das Werkzeug dazu war ein scharfes Stück Eisen, mit dem man die Stämme abschlug.

Einer der Männer hatte sich dieses Werkzeug nur geliehen. Vielleicht war er nicht vorsichtig genug oder auch noch nicht besonders geübt darin, Bäume zu fällen. Sein Eisen landete im Wasser und ging unter. Nun war seine Sorge groß, zumal er das Werkzeug ja an seinen Besitzer zurückgeben musste.

Der Leiter der Gruppe half ihm dabei, sein Eisen wieder zurückzubekommen. Er warf ein Holzstück an die Stelle, an der das Werkzeug versunken war, und plötzlich schwamm es an der Oberfläche. Voller Freude griff der junge Mann danach. Es ist nicht überliefert, warum er nicht selbst ins Wasser ging, tauchte und das Eisen heraufholte, vielleicht konnte er nicht schwimmen. Auf jeden Fall war es ein Wunder, dass Eisen plötzlich auf dem Wasser schwimmen konnte. Das widersprach und widerspricht allen bekannten Naturgesetzen (Siehe 2. Könige 6, Verse 1-7).

Jeder hat schon einmal eine Hummel gesehen. Wenn sie an einem vorbeifliegt, ist ihr Brummen nicht zu überhören. Spricht man aber mit Wissenschaftlern, die sich mit Aerodynamik auskennen, erhält man den Hinweis: „Nach allen uns bekannten Naturgesetzen kann eine Hummel nicht fliegen." Aber trotzdem bewegt sie sich in der Luft.

Jesus sagte zu seinen Jüngern: *„Und wenn ich hingehe, euch die Stätte zu bereiten, will ich wiederkommen und euch zu mir nehmen, auf dass auch ihr seid, wo ich bin"* (Johannes 14, Vers 3). Wie das geschehen wird, hat Paulus an die Gläubigen in Thessaloniki geschrieben: *„Denn er selbst, der Herr, wird [...] herabkommen vom Himmel, und die Toten werden in Christus auferstehen zuerst. Danach werden wir, die wir leben und übrig bleiben, zugleich mit ihnen entrückt werden auf den Wolken, dem Herr entgegen in die Luft. Und so werden wir beim Herrn sein allezeit"* (1. Thessalonicher 4, Verse 16 und 17). Wie das genau vonstattengehen soll, kann jetzt niemand erklären. Nach den heutigen Kenntnissen der Naturgesetze ist es nicht möglich, ohne eine aufwendige Ausrüstung in die Wolken aufzusteigen. Außerdem werden sich viele der hier angesprochenen in geschlossenen Räumen befinden, aus denen sie entrückt werden.

Der allmächtige Gott, der Himmel und Erde geschaffen hat, wird das so durchführen, wie er es verheißen hat. Die Beispiele vom Anfang zeigen, dass wir Menschen nicht alles mit unserem Wissen und Verstand erklären können.

Gott, der Schöpfer

Eugen Startz (†), tätig als Apostel in der Neuapostolischen Kirche, berichtete einmal das folgende Erlebnis:

Er war mit dem Auto unterwegs zu einem Ort, in dem er einen Gottesdienst durchführen wollte. Auf dem Weg dorthin nahm er einen Anhalter mit, einen jungen Mann. Dieser war froh, dass er mitfahren durfte. Allerdings war er verwundert, warum der Autofahrer einen schwarzen Anzug trug. Er vermutete einen Trauerfall.

Als er fragte, ob er auf dem Weg zu einer Beerdigung sei, antwortete Eugen Startz: „Nein, ich fahre zu einem Gottesdienst." Erstaunen zeigte sich auf dem Gesicht seines Beifahrers. Dann sagte er: „Ich glaube nicht an Gott. Das ist doch nur ein Märchen und soll alte Leute beruhigen, kurz bevor sie sterben."

Eine Weile war es still im Auto. Dann zeigte der Apostel auf seine Armbanduhr: „Das ist eine ganz präzise laufende Uhr. Sie zeigt mir nicht nur die Zeit an, sondern auch das Datum und den Wochentag. – Wissen Sie, wie diese Uhr entstanden ist?" Überrascht von der Änderung des Gesprächsthemas schüttelte der junge Mann den Kopf.

„Vor vielen Millionen von Jahren flog ein kleines Stückchen Metall um die Erde. Es stieß an Steinen an, schabte an Felsen entlang und rutscht über den Sand in der Wüste. Mit der Zeit wurde daraus ein rundes Blech. Weiterer Kontakt mit der Erde sorgte dafür, dass sich sein Rand etwas nach oben bog. Das dauerte aber viele Millionen von Jahren." Er machte eine kurze Pause.

„Ein Stück Glas wurde auch vom Wind um die Erde gepustet. Dabei schliffen sich seine Kanten ab, sodass es richtig rund wurde. Auch dabei vergingen etliche Millionen an Jahren."

Nach einer kurzen Pause fuhr er fort: „Ein anderes Metallstück, das schon kreisförmig war, setzte mit seiner Kante immer wieder auf die spitze Ecke eines Felsens auf. So entstanden kleine Einkerbungen. Nach sehr vielen Jahren sah es aus wie ein Zahnrad."

Der junge Mann hatte interessiert zugehört. Er ahnte, wie die Geschichte weitergehen würde. Eugen Startz fuhr fort: „Viele Millionen Jahre später trafen sich diese Teile und fügten sich zu dieser Uhr zusammen. – Das Märchen, dass ein sogenannter Uhrmacher dieses Wunderwerk geplant und in mühevoller Arbeit zusammengebaut hat, das glaube ich nicht."

Inzwischen waren sie an der Kirche angekommen und der Apostel hielt an. Sein Mitfahrer bedankte sich und stiegt aus. Sein Gesichtsausdruck war nachdenklich geworden.

In der Bibel wird am Ende der Schöpfungsgeschichte ganz kurz berichtet: *Gott sah an alles, was er gemacht hatte, und siehe, es war sehr gut* (1. Mose 1, Vers 31).

Gottes Willen tun

Bauer Scholz hatte mehrere Knechte, die auf seinem Hof arbeiteten. Der Knecht Sönke hatte an diesem Tag die Aufgabe Holz zu hacken. Immer wenn er mit einem Schlag einen Holzscheit spaltete, fluchte er laut: „Dieser doofe Adam!" „Dieser blöde Adam!" „Dieser dumme Adam!"

Der Bauer hörte das, trat auf Sönke zu und fragt ihn, was seine Aussprüche zu bedeuten hätten. Sönke legte die Axt zur Seite und antwortete: „Hätte Adam nicht von den Früchten des Baumes der Erkenntnis gegessen, würden wir heute noch im Paradies leben. Wir brauchten nicht zu arbeiten, hätten keine Sorgen – es würde uns einfach richtig gut gehen."

Bauer Scholz schwieg einen Augenblick. Dann sagte er: „Ein solches Leben sollst du auch haben. Du brauchst ab sofort nicht mehr zu arbeiten, kannst weiter hier leben und bekommst jeden Tag dein Essen." Ungläubig schaute Sönke den Bauern an: „Wirklich?"

„Wenn ich es doch sage. – Ach, eine Sache habe ich vergessen zu erwähnen. Auf dem Tisch, an dem du essen wirst, steht ein Topf mit einem Deckel.

Du darfst nicht in diesem zugedeckten Topf schauen, sonst ist es mit deinem schönen Leben vorbei." „Wenn es weiter nichts ist", sagte der Knecht, „das ist kein Problem. Ab jetzt werde ich in Saus und Braus leben und keinen Finger mehr krumm machen." Er dachte bei sich, dass diese Bedingung leicht zu erfüllen sei, denn er bekäme ja alles, was er für ein sorgenfreies Leben benötigte.

In den nächsten Tagen genoss Sönke das schöne Leben. Da er nicht mehr zu arbeiten brauchte, machte er lange Spaziergänge mit dem Hund, ritt aus und traf sich mit den Knechten der anderen Bauern. Die waren natürlich neidisch auf ihn. Sie fragten ihn: „Bist du gar nicht neugierig, was in dem Topf ist?" „Nein!", antwortete er mit fest Stimme. Aber in seinem Inneren war doch schon ein wenig Neugierde entstanden.

Mehrere Wochen hielt Sönke diese Neugierde aus. Dann fasste er einen Entschluss: ‚Wenn ich den Deckel nur ein ganz klein wenig anhebe, sodass ich hineinsehen kann, wird der Bauer das gar nicht merken.'

Am nächsten Tag war es dann soweit. Zuerst schaute er durchs Schlüsselloch, ob ihn auch niemand beobachtete. Dann ging er zu dem Topf und hob den Deckel ein kleines Stückchen an. In diesem Moment sprang eine Maus aus dem Topf, lief über den Tisch, hüpfte auf den Fußboden und verschwand unter dem Schrank. Vor lauter Schreck ließ Sönke den Topfdeckel fallen.

Während der Knecht noch auf dem Fußboden kniete, um die Maus wieder einzufangen, betrat der Bauer das Zimmer. Er sah sofort, was geschehen war. Zwar versuchte Sönke sich noch herauszureden – „Der Topf war heute gar nicht richtig zugedeckt." –, aber es nutzte ihm nichts.

„Damit hat dein schönes Leben ein Ende. Ab morgen wirst du wieder auf dem Hof arbeiten, wie die anderen Knechte auch." Dann verließ der Bauer das Zimmer. Alle Selbstvorwürfe waren nun vergebens.

Schon Apostel Paulus schrieb an die Gemeinde zu Korinth: *Jeder aber wird seinen Lohn empfangen nach seiner Arbeit* (1. Korinther, Kapitel 3, Vers 8).

Gut zuhören

Herr Hofer traf nach längerer Zeit seinen Bekannten Herrn Seifert. „Wie geht's Ihnen? Wir haben uns ja lange nicht gesehen." Herr Seifert bestätigte das und erzählte, dass er im Urlaub war, im Allgäu. Kaum hatte er das Urlaubsziel erwähnt, begann Herr Hofer zu schwärmen. „Die Königsschlösser dort sind fantastisch. Und es gibt da sehr schöne Innenstädte mit alten Fachwerkhäusern." Er konnte gar nicht mehr aufhören, von den Sehenswürdigkeiten der Gegend zu reden. Schließlich schaute er auf die Uhr und sagte: „Ich muss jetzt aber los. Sie sollten unbedingt einmal Urlaub im Allgäu machen." Herr Seifert schaute seinem Bekannten etwas verdutzt hinterher.

„Morgen ist doch euer Schulausflug mit dem Bus, oder?", fragte Frau Clausen ihren Sohn Mark. „Ja", murmelte er. „Und wann geht es los?", fragte die Mutter weiter. „Ich glaube um 8 Uhr." „Und von wo startet ihr?", wollte seine Mutter weiter wissen. „An der Schule." Aber überzeugt klang das nicht. Mark hatte nicht genau zugehört, als die Lehrerin Ort und Zeit der Abfahrt bekannt gab. Also blieb ihm nichts anderes übrig, als bei seinem

Klassenkameraden Finn anzurufen. Dort erfuhr er dann, dass es erst um 9 Uhr losging und man sich am Busbahnhof treffen wollte.

Priester Petermann besuchte regelmäßig die schon recht betagte Frau Maurer, ein Mitglied seiner Kirchengemeinde. Nach den ersten Fragen zum Befinden der alten Dame begann sie zu erzählen. Vieles von dem, was sie sagte, kannte der Priester schon. Er nickte dazu und sagte hin und wieder „Ja" oder „Hm". Beim Verabschieden bedankte sich Frau Maurer: „Das war ein schöner Besuch. Wir haben uns doch gut unterhalten."

In der Offenbarung lesen wir den Hinweis: *Wer Ohren hat, der höre, was der Geist den Gemeinden sagt!* (Offenbarung 2, Vers 29). Gutes Zuhören ist nicht nur im täglichen Leben wichtig.

Jesus selbst sagte: *Ja, selig sind, die das Wort Gottes hören und bewahren.* (Lukas 11, Vers 28). Entscheidend ist aber, es nicht beim Hören und Bewahren zu belassen, sondern es auch in die Tat umzusetzen, also es zu tun.

In diesem Buch werden einzelne Begebenheiten aus der Bibel in leicht verständlicher Sprache nacherzählt und mit Hintergrundinformationen ergänzt.

Vom gleichen Autor erschienen ist das Buch:

Hans-Jürgen Straßburg

Die Bibel

Biblische Geschichten
neu erzählt

erhältlich im Buchhandel

In diesem Buch werden einzelne Begebenheiten aus der Bibel aus der Sicht einer beteiligten Person nacherzählt. Jedes Geschehen ist in der Ichform geschrieben.

Vom gleichen Autor erschienen ist das Buch:

erhältlich im Buchhandel

In diesem Buch befindet sich eine Sammlung von winterlichen und weihnachtlichen Geschichten. Wenn es draußen früh dunkel wird, die Kekse auf dem Tisch verführerisch duften und auch schon eine Kerze angezündet wird, ist es an der Zeit, aus diesem Buch vorzulesen.

Vom gleichen Autor erschienen ist das Buch:

erhältlich im Buchhandel